Andy Salathé

«HEILIGER GEIST, WER BIST DU?»

Meine grösste Entdeckungsreise

Andy Salathé

«HEILIGER GEIST, WER BIST DU?»

Meine grösste Entdeckungsreise

SCHLEIFE
VERLAG

Schleife Verlag • CH-Winterthur

«Heiliger Geist, wer bist du?»
Meine grösste Entdeckungsreise

1. Auflage Dezember 2014

Postfach 85, CH-8411 Winterthur, Switzerland
Tel +41 (0)52 2322424 Fax +41 (0)52 2336082
Email: Verlag@schleife.ch
www.schleife.ch

ISBN 978-3-905991-21-5
Best. Nr. 120.107

Die Bibelstellen sind der
Luther-Bibel (revidierte Fassung) entnommen.

Lektorat: Michael Herwig, Mario Schaub

Umschlaggestaltung: Pia Maurer
Satz: Nils Großbach
Druck: optimal media GmbH

Umschlagbild: «Taube / Saint-Esprit»
aus einem Stundenbuch der Franziskaner, 1385 / 1390.
Nutzung mit freundlicher Genehmigung der Bibliothèque nationale de France, Paris.

INHALTSVERZEICHNIS

Vorwort von Andreas Keller

Das vorliegende Lebenszeugnis von Andy Salathé gleicht einer Tür mit Zeitschloss. Zur gesetzten Zeit springt das Schloss auf und gewährt den Zugang ins Innere eines Herzens, auf dessen Einsichten und Schätze das Licht Gottes gefallen ist. Es ist jedes Mal ein Grund zur grossen Dankbarkeit, wenn Kinder von bekannten geistlichen Leitern ihre eigene Identität finden und sie durch teils verschlungene Wege ihre persönlichen Gotteserfahrungen machen. Andy und Esther Salathé sind so selbst wieder zu geistlichen Eltern von vielen geworden.

So, wie der Schmerz eines Verlustes einer nahe stehenden Person kaum in Worte zu fassen ist, lässt sich auch die innere Tortur einer fehlenden Heilsgewissheit kaum angemessen beschreiben. In den folgenden Seiten spricht Andy einige der verborgenen Bedrängnisse und Sehnsüchte an, die in so manchen Herzen schlummern und in vielen christlichen Kreisen noch kaum thematisiert werden.

In einer aufrichtigen und klaren Sprache beschreibt Andy, wie der Heilige Geist sich seinen inneren Nöten angenommen und ihn in eine zarte und zugleich kraftvolle Liebesbeziehung zu Ihm geführt hat. Diese ist seither schon vielen Hunderten von jungen und junggebliebenen Menschen zum Segen geworden.

Auf diesem Weg werden sich viele Leserinnen und Leser wiederfinden. Die Botschaft dieses Büchleins soll dazu beitragen, die Ketten von frommer Knechtschaft zu sprengen und zum Leben zu befreien.

Die wunderbaren Hinweise und Ratschläge dazu, die Freundschaft zum guten Heiligen Geist als befreienden Lebensstil zu kultivieren, sollen zur Nachahmung animieren. Wer Andy und Esther schon begegnet ist und ihr Leben und ihren Dienst auf sich hat einwirken lassen, weiss um den Duft ihrer Gottesfreundschaft, die in Jesus Christus ihr Zentrum hat.

Andreas Keller
Stiftung Schleife
CH – 8411 Winterthur

Vorwort von Esther Salathé

Dass ein Buch, welches ich meinem Mann schenkte, eine solche Auswirkung auf ihn haben würde, hatte ich nicht erwartet. Selbst hatte ich es ja noch nicht einmal gelesen. Ich gab es ihm einfach, weil ich dachte, es könnte ihn interessieren.

Aber letztendlich war dieses Buch nur ein Auslöser auf dem Weg, den wir schon eine Weile miteinander gegangen waren. Aufgewachsen in einer Schweizer Freikirche, hatten mein Mann Andy und ich von klein auf regelmässig Unterweisung in Gottes Wort erhalten. Wir genossen die Gemeinschaft mit anderen Christen, und wir hatten auch eine ganze Anzahl von Vorbildern, die uns zumeist sehr positiv beeinflussten, allen voran unsere Eltern, die uns ein sehr praktisches und authentisches Christsein vorlebten.

Als wir unsere Berufsausbildungen abgeschlossen hatten, merkten wir, dass Gott uns vollzeitlich in seinem Dienst haben wollte. Seine Berufung führte uns zunächst in die USA, wo wir für ein gutes Jahr in einem Camp der Konservativen Baptisten mitarbeiten durften. Während dieser Zeit hat Gott unsere Herzen geweitet. Wir durften Christen anderer Kulturen und unterschiedlichster Denominationen kennenlernen, die an diesem Ort ihre Freizeiten verbrachten. Da es oft unsere Aufgabe war, die Vorträge der Gästegruppen aufzunehmen, bekamen wir allerhand Spannendes mit.

Mit regem Interesse verfolgten wir aus der sicheren Warte des Mischpults amerikanische, chinesische, koreanische und mexikanische Christen, sehr liturgische Gottesdienste und lebendig übersprudelnde, charismatische Treffen. Einige Vorurteile wurden in dieser Zeit abgebaut. Und auch wenn wir nicht alles nachvollziehen konnten, was da geschah, so wurden wir doch durch alle diese Gruppen gesegnet.

Wir merkten, dass es noch mehr gab, als das, was wir bisher kannten, und das hat einen Hunger in uns geweckt.

Besonders wurde uns zunehmend bewusst, dass wir die Person «Heiliger Geist» noch nicht wirklich kannten. Auch die Geistesgaben waren für uns mehr theoretische als praktische Bekannte. Vorsichtig machten wir uns daran, mit Menschen das Gespräch zu suchen, die schon mehr Erfahrung in diesen Dingen hatten.

Dadurch begann für mich eine sehr herausfordernde Zeit. Ich wollte gerne alles einordnen und verstehen können. Aber wenn es um den Heiligen Geist und sein Wirken ging, kam mein Verstand spürbar an seine Grenzen. Das hat mich enorm verunsichert und manchmal auch meine Alarmglocken laut läuten lassen – die Alarmglocken meiner Seele und meines Verstandes.

Bis dahin hatte ich den Verstand immer als mein höchstes und entscheidendes Prüforgan angesehen. Aber nun merkte ich, dass Gott begann, an dieser obersten Instanz zu rütteln. Das löste nicht gerade die besten Gefühle in mir aus. Musste ich diese Sicherheit wirklich loslassen? Gott sprach jedoch ganz klar zu mir durch sein Wort: «Verlass dich *auf den HERRN* von ganzem Herzen, *und verlass dich nicht auf deinen Verstand*, sondern gedenke an ihn in allen deinen Wegen, so wird er dich recht führen» (Sprüche 3,5).

Und da war noch etwas, das mir Angst machte. Einige Christen hatte ich sagen hören, dass es gefährlich sei, sich für das Wirken des Heiligen Geistes zu öffnen, weil es dann sein könnte, dass ein anderer Geist ins Leben komme, ein «Geist von unten». Das wollte ich natürlich auf keinen Fall! Wie konnte ich nur sicher sein, dass mir dies nicht geschah?

Wieder hat Gott klar durch sein Wort zu mir gesprochen. In Lukas 11.11-13 las ich: «Wo ist unter euch ein Vater, der seinem Sohn, wenn der ihn um einen Fisch bittet, eine Schlange für den Fisch biete? Oder der ihm, wenn er um ein Ei bittet, einen Skorpion dafür biete? Wenn nun ihr, die ihr böse seid, euren Kindern gute Gaben geben könnt, wie viel mehr wird der Vater im Himmel *den Heiligen Geist* geben denen, die ihn bitten!» Da stand es schwarz auf weiss: Wenn wir Gott um seinen Geist bitten, wird er uns nichts anderes geben, schon gar keine Schlangen und Skorpione. Diese wurden von Jesus selbst als Symbole für dämonische Mächte gebraucht (Lukas 10.19). Es war also absolut ausgeschlossen, dass solche Mächte in mein Leben kommen würden. Was für eine Erleichterung!

Ich merkte, dass ich nochmals ganz neu herausgefordert war, mich vollständig Gott anzuvertrauen. Ich musste meinen Verstand auf den ihm von Gott zugeordneten Platz verweisen. Und der war nicht zuoberst auf der Leiter. Ich merkte, dass Gott auf neue Art und Weise mit mir kommunizieren wollte. Nicht nur über den Verstand, sondern immer mehr von Geist zu Geist. Das war eine neue Erfahrung für mich. Aber als ich in eine bewusste Beziehung zum Heiligen Geist eintrat, lernte ich wirklich immer besser, Gottes Reden in meinen Geist hinein zu verstehen.

Es war zwar nichts vollkommen Neues, was ich da erlebte. Schon bei der Partnerwahl oder bei der Berufung in den vollzeitlichen Dienst hatten wir Gottes Reden gehört. Aber was ich nun erfuhr, war, dass diese persönliche, innige Beziehung und auch Gottes Wirken an mir viel tiefer und konkreter wurden. Gerade die Gabe des Sprachengebets hat vieles in mir freigesetzt. Ich lernte auch die Gabe der Prophetie kennen, die mir half, Gottes Reden deutlicher und detaillierter zu vernehmen. In all dem war mir klar, dass ich das Gehörte immer an Gottes unfehlbarem Wort prüfen musste.

Es ging aber gar nicht in erster Linie um die Gaben, sondern um die Person des Heiligen Geistes selber. Dieser hatte ja schon seit meiner Bekehrung in mir Wohnung genommen. Das bedeutete, dass ich in einer WG mit ihm zusammengelebt hatte, ohne ihn richtig zu kennen. Dabei war er mir ja vom Vater gegeben, um mich durch diese Erdenzeit zu begleiten. Er ist diejenige Person der Dreieinigkeit, die uns Menschen hier auf Erden am nächsten ist. Er ist zu uns gesandt, genau so wie Jesus zu uns auf die Erde gesandt worden war.

Diesen meinen Freund, den Heiligen Geist, immer besser kennenlernen zu dürfen, war und ist eines der grössten Privilegien, die ich überhaupt auf dieser Welt habe. Die Beziehung zu ihm hat mein Leben als Gotteskind wirklich erneuert. Ich bin daran zu lernen, seine Kraft und Weisheit, seine Liebe und Geduld immer mehr in Anspruch zu nehmen. Die Folgen sind ganz wunderbar. Ich muss nämlich je länger desto weniger aus meiner eigenen Kraft leben. Wie befreiend und erleichternd das ist, kann man sich vorstellen, vor allem in den Herausforderungen des vollzeitlichen Dienstes. Zudem hilft mir der Heilige Geist, meinen Erlöser Jesus und meinen wunderbaren Vater im Himmel immer besser kennen und lieben zu lernen. Dafür bin ich ihm von Herzen dankbar.

Andy und ich sehen uns überhaupt nicht als Experten auf diesem Gebiet. Aber was wir bis jetzt erlebt haben, ist so schön, dass wir nicht anders können, als voller Freude und Dankbarkeit anderen davon zu erzählen.

Von Herzen hoffe ich, dass dieses sehr persönliche Zeugnis von Andy vielen dabei helfen wird, selber in eine Freundschaft mit dem Heiligen Geist einzutreten und darin zu wachsen.

Esther Salathé

«Heiliger Geist, wer bist du?»

Alles nahm seinen Anfang, als meine Frau Esther mir ein Buch zuschob, mit dem für mich damals sonderbar anmutenden Titel «Guten Morgen, Heiliger Geist!». Darin beschreibt der Autor Benny Hinn zeugnishaft, wie er den Heiligen Geist als die wunderbarste Person in seinem Leben kennenlernen durfte: «Ich denke, das solltest du lesen.»

Ich zog mich daraufhin in unser Schlafzimmer zurück, nicht ahnend, dass dieses Buch mein Leben für immer verändern würde. Mehr und mehr zog mich dessen Inhalt in seinen Bann, und plötzlich, zum ersten Mal in meinem Leben, durchfuhr mich eine Erkenntnis wie ein Blitz: «Heiliger Geist, du bist eine wirkliche Person.» – Und dann war er da. Ohne äusserlich irgendetwas zu sehen oder zu spüren, wusste ich: «Jetzt ist er im Raum.» Ich nahm seine Gegenwart wahr, etwa so, wie wenn jemand einen Raum betritt und plötzlich hinter dir steht. Als nächstes wurde mir schmerzlichst bewusst, dass ich diese Person gar nicht kenne. Jetzt bin ich schon rund zwanzig Jahre Christ und ich kenne die dritte Person Gottes nicht. Und so stieg tief aus meinem Innern die Frage empor, und ich flüsterte ihm zu: «Heiliger Geist, wer bist du? Ich kenne dich nicht.»

Das sollte sich aber radikal ändern. Denn nun begann für mich die spannendste Entdeckungsreise meines Lebens, eine Entdeckungsreise, die mich tiefer und tiefer in die Geheimnisse dieses dreieinigen Gottes führen und mein bisheriges Leben als Christ völlig auf den Kopf stellen sollte.

Meine Kindheit und Jugendzeit

Meine Bekehrung

Heute erachte ich es als eines meiner grössten Privilegien, dass ich als Sohn eines Pastors aufwachsen konnte. Als zweitältester von vier Söhnen durfte ich zusammen mit meinen Brüdern einen Vater und eine Mutter erleben, die in allem zuerst nach Gottes Reich trachteten. Was uns Söhne aber am meisten prägte, war ihre tiefe Liebe zu Jesus, ihrem Retter und Herrn.

Und so war es fast logisch, dass wir Söhne diesen Jesus auch bereits in jungen Jahren in unser Herz einladen wollten. Was war das wohl für ein Freudentag für meine Eltern, als mein ein Jahr älterer Bruder Thomas und ich, damals etwa sechsjährig, zu unserem Vater gingen und ihm mitteilten, dass wir beide den Heiland in unser Herz einladen wollten. Meine Erinnerung sagt mir, dass wir das dann auf dem Schoss unseres Vaters taten.

Ein Sehnen nach Gottes unsichtbarer Welt

Ein Erlebnis meiner Kindheit ragt da heraus. Meine Mutter schwärmte mir einmal so vom Himmel vor, dass in meinem Herzen eine tiefe Sehnsucht nach dieser Gotteswelt geweckt wurde, die mich nie mehr verlassen würde, auch nicht durch meine herausfordernde Teenagerzeit hindurch.

Alles, was mit Gottes übernatürlichem Eingreifen, mit Zeichen und Wundern, mit Engeln, aber auch Dämonen zu tun hatte, übte eine unglaubliche Faszination auf mich aus. Und davon konnte mir meine Mutter sehr viele Geschichten erzählen. Selber Tochter eines

Pastors, erlebten sie in der Nachkriegszeit als Grossfamilie alles: von Essenswundern über Engelsbewachung bis hin zu spektakulären Manifestationen von Dämonen. Und so wusste ich bereits als Kind, dass es da eine unsichtbare Welt um uns herum gibt, die mindestens so real ist, wie die Welt, die wir mit unseren natürlichen Sinnen wahrnehmen.

Meine panische Angst vor Jesu Wiederkunft

Obwohl ich als Kind eigentlich grundsätzlich einen unbeschwerten Glauben lebte und nie auch nur den leisesten Zweifel an Gottes Existenz hegte, war da etwas, das mich mehr und mehr zu quälen begann: Ich hatte keine Gewissheit in mir, dass ich wirklich gerettet bin. Und daraus resultierend hatte ich panische Angst vor dem Tag, an dem Jesus zurückkommen würde, um seine Braut, die brennenden Christen, zu sich zu holen. Ich kannte die Bibelstelle, wo es heisst, dass niemand den Tag noch die Stunde kennt, wenn der Sohn (Jesus) zurückkommen würde. Ich war so verzweifelt und in Angst vor dieser Wiederkunft, dass ich mir dachte: «Wenn du schon keine Gewissheit erlangen kannst, dass du dabei sein wirst, dann versuche wenigstens, Jesu Wiederkunft zu verhindern.» Richtig, ich meinte, einen Weg gefunden zu haben, um Jesus am Zurückkommen hindern zu können.

Und das war meine Idee: Jeden Abend proklamierte ich in einer Art Gebet: «Heute oder morgen kommt Jesus zurück.» Das «Morgen» fügte ich jeweils hinzu für den Fall, dass ich diese Proklamation einmal an einem Abend vergessen würde. Ich malte mir nämlich folgende Szene im Himmel aus, wie da der Vater dem Sohn zuruft: «Sohn, jetzt ist die Stunde gekommen. Geh und hol dir deine Braut!» Und der Sohn antwortet dem Vater: «Jawohl. Doch stopp! Vater, da höre ich eine Proklamation von der Erde zu uns heraufsteigen, aus Europa, genauer noch aus der Schweiz, aus Muttenz. Ein Junge hat eben vorausgesagt, dass ich heute oder morgen kommen werde. Ich kann leider noch nicht gehen. Du weisst ja, dass wir an unser Wort gebunden sind, wo es heisst, dass niemand Tag noch Stunde meiner Wiederkunft voraussagen kann. Tut mir leid, wir müssen den Moment abwarten, bis er es einmal vergisst.»

Und trotz dieser verzweifelten Absicherung erlebte ich bis ins Erwachsenenalter immer wieder Momente im Leben, wo ich dachte, dass ich Jesu Wiederkunft verpasst habe. Das waren jeweils schreckliche Augenblicke, in denen der Teufel mir zuflüsterte: «Zu spät. Für immer zu spät. Du hast es in alle Ewigkeit verpasst.»

Einmal kam ich von der Schule nach Hause. Auf der Herdplatte standen die Pfannen, aber meine Mutter war nirgends zu sehen. Voller Panik raste ich hinauf ins Studierzimmer meines Vaters, doch Vater war auch nicht da. Alles zog sich in mir zusammen. Ich überlegte, ob es da einen brennenden Christen in unserer Gemeinde gäbe, den ich anrufen könnte, um herauszufinden, ob dieser auch verschwunden sei. Schlagartig kam mir da mein späterer Schwiegervater in den Sinn. Zitternd hob ich den Telefonhörer ab und wählte seine Nummer. Wie fielen mir Tonnen von Gewicht vom Herzen, als ich seine unverkennbare Stimme am anderen Ende der Leitung hörte: «Robert Rahm.» Ohne ein Wort zu sagen, hängte ich den Hörer mehr als erleichtert auf. Jesus war noch nicht zurückgekommen. Ich hatte nochmals Glück gehabt.

Einmal, wir waren da bereits verheiratet, kamen wir frisch motiviert von der christlichen Grossveranstaltung EXPLO in Basel zurück. Ich musste bei einer Raststätte einen WC-Halt einlegen, während Esther im Auto wartete. Als ich zurückkam, war da weder Auto noch Frau vorzufinden. Mir fuhr es blitzartig durch den Kopf: «Die Entrückung! Du hast die Entrückung verpasst.» Panik breitete sich in mir aus. Ich rannte zurück zur Raststätte, die als Überbauung über der Autobahn von beiden Richtungen zugänglich war. Plötzlich kam mir der erlösende Gedanke, dass ich unter Umständen auf dem falschen Parkplatz gelandet bin. Und tatsächlich, auf der richtigen Seite angekommen, wartete eine Esther auf mich, die wissen wollte, warum ich so lange gebraucht habe. Sicher verschwieg ich ihr damals den wahren Grund.

Ich schäme mich für Jesus

Je älter ich wurde, desto mehr wurde mir bewusst, dass nicht alle Menschen um mich herum an Jesus glauben. In meiner Teenagerzeit begann ich mich mehr und mehr für meinen Glauben zu schämen, und es wäre mir peinlich gewesen, wenn man mich darauf angesprochen hätte. Während meiner vierjährigen Berufslehre war ich sehr darauf bedacht, meinen Glauben an Jesus als meinen Erlöser geheim zu halten.

Diese Menschenfurcht und Scham, zu Jesus zu stehen, waren mir aber alles andere als gleichgültig. Was litt ich darunter, dass ich nicht einfach wie andere junge Christen in meinem Alter mutig zu meinem Herrn stehen konnte. Mich quälte immer wieder die Tatsache, dass sich Jesus seinerseits für mich öffentlich anspucken liess und den ganzen Weg bis ans Kreuz ging, alles aus reiner Liebe zu mir. Und ich, ich auf der anderen Seite, fürchtete mich, durch mein Bekenntnis zu ihm, mein Gesicht und meine Beliebtheit unter den Kollegen zu verlieren. Was war ich doch für ein Dreckskerl.

Einmal warnte Jesus in Matthäus 10,32-33: «Wer nun mich bekennt vor den Menschen, den will ich auch bekennen vor meinem himmlischen Vater. Wer mich aber verleugnet vor den Menschen, den will ich auch verleugnen vor meinem himmlischen Vater.» Und alleine die Angst, dass diese warnenden Worte Jesu bei mir in Erfüllung gehen würden, konnte mich dazu bringen, hie und da eine Heldentat zu vollbringen und wider alle Menschenfurcht mich zu Jesus zu stellen. Das kostete mich aber jeweils alles.

Ein Zeuge Jesu aus Angst

Üblicherweise versammelte sich unsere Jugendgruppe mit Jugendgruppen anderer Kirchen einmal im Jahr auf einem zentralen Platz in der Stadt Schaffhausen, um dort christliche Lieder zu singen. Ich gesellte mich da jeweils in den hintersten Reihen auch zu diesem Haufen bekennender Christen und betete leise, aber intensiv, dass keiner meiner Kollegen in diesem Augenblick auftauchen würde.

In meiner Militärzeit dann verspürte ich weiterhin den Druck, mich zu Jesus zu bekennen. Und das sah dann beispielsweise so aus, dass ich einerseits als Pyjama ein T-Shirt trug, auf dem in grossen Buchstaben JESUS aufgedruckt war, andererseits aber Jesus bat, dass er doch gnädig sei und dafür sorge, dass niemand mich darauf ansprechen oder hochnehmen würde. Auch liess ich meine grosse englische Studienbibel absichtlich als Bekenntnis zu meinem Herrn und seinem heiligen Buch auf meinem Schlafsack liegen, hoffte aber auch hier, dass mich ja niemand darauf ansprechen würde.

Meine Stille Zeit war eine stille Zeit

Ich bin so froh, dass ich von meinen Eltern angehalten wurde, regelmässig in der Bibel zu lesen, und ich weiss, dass Gottes lebendiges Wort auch ohne mein Wissen in mir gewirkt hat. Ich mag mich aber an keinen Moment zurückerinnern, bei dem Gottes Wort als lebendiges Schwert des Geistes in mich hineindrang, mich zu tiefst überführte oder ich darin eine gewaltige Offenbarung empfing. Ich hatte ja nur meinen Verstand als Instrument, und dieser konnte abgesehen von einigen interessanten Geschichten nicht allzu viel mit all den Gesetzen, Vorschriften, Namensregistern und komplizierten Aussagen vor allem auch in den Paulusbriefen anfangen. Und so kannte ich keine Zeiten, in denen ich so richtig Hunger nach Gottes Wort verspürte. Ich las nur deswegen mehr oder weniger regelmässig in der Bibel, weil ich überzeugt war, dass das für mich als Christ wichtig ist. Und so war die Bibel für mich eher Pflichtlektüre im Gegensatz zu all den Detektivromanen, die ich manchmal in einer einzigen Nacht verschlang.

Keinerlei Erfahrungen mit dem übernatürlichen Gott

Obwohl die Bibel sowohl im Alten als auch Neuen Testament voll ist von Männern und Frauen, mit denen Gott durch Träume, Visionen und in Bildern redete, die Gottes Stimme hörten, die Gott sahen, die Zeichen und Wunder erlebten und Augenzeugen von körperlichen Heilungen waren, kannte ich nichts davon in meinem Leben. Ich wusste zwar, dass solches heute immer noch in gewissen Ländern geschieht, dass aber ein solcher übernatürlicher Lebensstil das Natürlichste eines Jünger Jesu sein sollte, davon hatte ich keine Ahnung. Und doch sehnte ich mich zutiefst nach solchen lebendigen Gotteserfahrungen.

Und da war noch diese sonderbare und geheimnisvolle Gabe des Sprachengebets. Einmal lag ich verzweifelt am Boden; ich wollte Jesus anbeten, kam aber mit meinen Verstandeswörtern an meine

Grenzen. Wie wünschte ich mir in diesem Moment, dass ich einfach in dieser himmlischen Sprache, wie immer sich das auch anfühlen würde, Jesus anbeten könnte. Ich versuchte und versuchte, aber ich schaffte es nicht.

Gefangenschaften

In meiner Teenager-, aber auch Erwachsenenzeit manövrierte ich mich in Gefangenschaften, die zum Teil grösser waren als meine eigene Kraft, mich von ihnen wieder befreien zu können. Wie sehnte ich mich dabei doch einerseits aus tiefstem Herzen nach einer Reinheit in Gedanken und Taten, erlebte aber andererseits immer wieder Niederlagen. Am Boden zerstört und voller Selbstanklage tat ich danach jeweils Busse und versuchte, das nächste Mal noch mehr dagegen anzukämpfen. Eine andere Gefangenschaft war auch mein ständiges Sorgen. Heute erkenne ich, dass es ein Sorgengeist war, der mich da geknechtet hielt. Immer öfter lag auch eine gewisse Schwere wie ein Nebel über meinem Leben, so dass ich mich gar nicht unbeschwert an all den schönen alltäglichen Dingen erfreuen konnte. Zu einer weiteren Gefangenschaft vor allem in späteren Jahren wurde meine Überzeugung, dass ein ständiges Leiden zum Christsein gehöre.

Sehnsucht nach einem Leben in der ersten Liebe

Meine grösste Not aber war, mich selber in dieser ständigen Lauheit und Kompromissbereitschaft ertragen zu müssen. Gab doch Jesus alles für mich und ich – welch lausiger Freund ich ihm gegenüber doch war! So etwa fühlte ich mich oft. Als Kind musste ich mir eingestehen, dass ich mich viel lieber auf dem Fussballplatz aufhielt, als Zeit mit Jesus zu verbringen, obwohl er doch eigentlich mein bester Freund sein sollte. In den Teenagerjahren nahm dann meine Freundin (heute meine Frau Esther) den Platz in meinem Herzen ein, der eigentlich nur Jesus hätte gehören dürfen.

Und Jesu Aussage, wer nicht Vater, Mutter, Frau, Kinder usw. hasst, sich erst gar nicht als sein Jünger qualifizieren könne, wurde mir zu einer immer grösser werdenden Herausforderung, der ich mich nie und nimmer gewachsen fühlte.

Ich erinnere mich gut daran, wie ich als Teenager an einer grossen Jugendkonferenz dem Gründer von «Operation Mobilisation», George Verwer, gebannt zuhörte, wie er da von seinem Herrn Jesus und von seiner Ganzhingabe an ihn vorschwärmte. Ich sagte mir: «Das ist genau das Leben, nach dem ich mich sehne.» Zugleich quälten mich dann aber folgende Gedanken: «Eine solch leidenschaftliche Freundschaft, wie dieser Mann Gottes mit Jesus erlebt, wirst du nie erreichen können. Du wirst dein Leben lang in Niederlagen leben müssen. Find dich damit ab!» Dieser Moment war schier unerträglich für mich.

Plötzlich war Er da!

Ich pflegte eine Beziehung zu einem zweieinigen Gott

Da sass ich nun auf meinem Bett in unserem Eheschlafzimmer und plötzlich fiel es mir wie Schuppen von den Augen: Eigentlich habe ich bis jetzt mein ganzes Leben nur in einer Beziehung mit dem Vater und dem Sohn geführt. Der Gott der Bibel aber ist nicht ein zweieiniger, sondern ein dreieiniger Gott. Bildlich gesprochen sah das bei mir so aus: Nehmen wir an, da ist ein Raum, der mein Herz darstellt. In diesem Raum befinden sich drei Personen. Ich wende mich aber nur zweien von ihnen zu, rede mit ihnen, stelle ihnen Fragen und höre sie an. Die dritte Person nehme ich erst gar nicht wahr. Ich blicke sie weder an, noch spreche ich mit ihr oder höre ihr zu. Und genau so war meine Gottesbeziehung. Da ist Gott der Vater. Weil ich dank meines guten leiblichen Vaters ein gesundes Vaterbild besitze, wandte ich mich, wenn es um Schutz, Versorgung und göttlichen Segen ging, im Dank- oder Bittgebet automatisch an den Vater im Himmel. Andererseits war es mir bereits als kleines Kind sonnenklar, dass ich mit meinen Sünden zu Jesus, Gottes Sohn, gehe. Schliesslich hat er ja als Gott-Mensch meine Sünden ans Kreuz getragen und nicht Gott der Vater. Obwohl ich irgendwie wusste, dass da noch der Heilige Geist in meinem Herzen wohnt, hatte ich ihn schlichtweg nicht erkannt. Zwanzig Jahre hatte ich ihn ignoriert, ja nicht einmal als Person wahrgenommen. Zwanzig lange Jahre musste er sehnsüchtig auf den Moment warten, wo ich ihn zum ersten Mal anblicken und ansprechen würde.

Er ist da!

Ich sass so da, völlig überwältigt. Ein heiliger Moment. Er ist da! Ich wusste plötzlich: Er ist da! Der Heilige Geist, diese wunderbare herrliche Person, ist da und sehnt sich nach mir. Zwanzig Jahre hatte er geduldig auf mich gewartet. Mein Herz war jetzt mit einer wunderbaren Liebe und Sehnsucht für ihn erweckt worden. In schlichten Worten, aber aus tiefstem Herzen flüsterte ich ihm zu: «Lieber Heiliger Geist, jetzt weiss ich, warum ich dich so dringend brauche. Du hast mir so gefehlt. Du bist herzlichst willkommen in meinem Leben. Bitte komm und erfülle mich mit deiner Kraft. Vom heutigen Tag an möchte ich nur noch mit dir durchs Leben gehen. Amen.»

Was dann geschah, war wunderbar; ein tiefer Friede durchflutete mich. Endlich hatte mein Herz die lang ersehnte innere Ruhe gefunden. Zugleich wusste ich aber auch, dass mein Leben von nun an nie mehr das gleiche sein würde.

Das neue Leben mit dem Heiligen Geist

Gottes übernatürliche Welt eröffnet sich mir

> *Nein, wir verkündigen, wie in der Schrift steht: «Was kein Auge je gesehen und kein Ohr jemals gehört, was keinem Menschen je in den Sinn kam, das hält Gott für die bereit, die ihn lieben.» Denn durch seinen Geist hat Gott uns dieses Geheimnis offenbart. Der Geist ergründet nämlich alles, auch das, was in den Tiefen Gottes verborgen ist (1. Korinther 2,9-10).*

Diese Schriftstelle verstand ich bis anhin immer als eine Vertröstung auf den zukünftigen Himmel. Dabei heisst es doch unmissverständlich, dass Gott uns all das Herrliche, das nicht von dieser Welt und darum nicht mit unseren natürlichen Sinnen erfassbar ist, schon jetzt bereit hält und er uns dieses Geheimnis durch den Heiligen Geist jederzeit offenbaren kann, genauso wie es Paulus ja bereits erlebt hat und darum auch bezeugt: « Durch seinen Geist hat Gott uns dieses Geheimnis offenbart.»

Durch meine Freundschaft mit dem Heiligen Geist konnte er das nun endlich auch in meinem Leben tun. Plötzlich empfing ich Bilder, Eindrücke, Träume und Visionen. Ich begann, Gottes Stimme ganz klar zu hören. Es kam schon vor, dass ich plötzlich aufwachte und mir nicht sicher war, ob ich eben gerade Gottes Stimme nicht sogar akustisch gehört habe. Der Heilige Geist, der sogar das ergründet, was in den Tiefen Gottes verborgen liegt, liebt es nämlich, seinen Freunden diese Geheimnisse zu offenbaren.

Im zweiten Kapitel des Epheserbriefes steht, dass Gott uns zusammen mit Christus auferweckt und in die Himmelswelt versetzt hat. Und das durfte ich einmal in einer äusserst schwierigen Zeit in meinem Leben während einer Gebetszeit ganz eindrücklich erleben. Ich war plötzlich beim himmlischen Vater und zusammen betrachteten wir mich, wie ich da unten auf der Erde betend auf den Knien lag, voller Zweifel darüber, ob ich Gottes Stimme richtig verstanden habe. Als ich dann «zurückkam» und meine Augen wieder öffnete, war alle Verwirrung augenblicklich im Nichts verflogen.

Ich begann nun, für körperliche Heilungen zu beten und auch wenn ich mich noch nach grösseren Durchbrüchen sehne, bin ich doch so dankbar für all die wunderbaren Heilungen, die ich mit meinen eigenen Augen bereits sehen durfte – nicht zuletzt auch an meinem eigenen Körper.

A propos Sprachengebet: Einmal lag ich ganz entspannt in der Badewanne und genoss ein Schaumbad. Plötzlich, wie aus heiterem Himmel, hörte ich die leise Stimme des Heiligen Geistes: «Mach einfach den Mund auf und fang an, wie ein kleines Kind zu babbeln. Ich will dir die Gabe der Zungensprache schenken.» Zaghaft zuerst legte ich los, wurde dann aber immer lauter. Tatsächlich, da kamen ein paar sonderbare Worte von tief innen heraus, Worte, die ich nicht selber geformt hatte. Es waren noch nicht viele, aber ich spürte, wie da eine überschwängliche Freude aus meinem Herzen heraussprudelte. Ich tauchte in der Badewanne unter, kam wieder hoch, wischte mir den Badeschaum aus dem Gesicht, babbelte wieder in dieser neuen Sprache und war einfach überglücklich wie ein Kind, das an Weihnachten ein grosses Geschenk auspacken darf. Endlich konnte ich in Sprachen reden! Ich flippte beinahe aus vor Freude. Heute könnte ich mir mein Leben ohne dieses wunderbare Geschenk nicht mehr vorstellen.

Endlich Heilsgewissheit

Denn alle, die durch den Geist Gottes geleitet werden, die sind Söhne Gottes.

Denn ihr habt nicht einen Geist der Knechtschaft empfangen, dass ihr euch wiederum fürchten müsstet, sondern ihr habt den Geist der Sohnschaft empfangen, in dem wir rufen: Abba, Vater! Der Geist selbst gibt Zeugnis unserm Geist, dass wir Gottes Kinder sind (Römer 8,14-16).

Nie mehr diese Panikattacken im Leben, dass ich Jesu Wiederkunft verpasst hätte. Was ist das doch für eine herrliche Freiheit! Alle Zweifel waren von nun an für immer verflogen. Jetzt hatte ich meinen Freund, den Heiligen Geist, der meinem Geist immer und immer wieder laut und deutlich bezeugte: «Du bist der geliebte Sohn des Vaters im Himmel. Er hat Freude an dir. Jesus hat dich ein für allemal aus der Herrschaft Satans befreit.» Ich konnte nun plötzlich die Worte Jesu für mich ganz persönlich annehmen, als er am Kreuz den Siegesschrei ausstiess: «Es ist vollbracht!» Heute kann ich innerlich jederzeit Jesus am Kreuz sehen, wie er diese Worte über mir ganz persönlich in die sichtbare und unsichtbare Welt hinausschreit und mich dabei mit Augen voller Liebe ansieht. Ich weiss heute auch, dass diese Siegesworte Jesu Satan Tag und Nacht quälen. Endlich konnte ich das ewige Leben als reines Geschenk Gottes empfangen.

Kein religiöser Druck mehr

Der Herr aber ist der Geist; wo aber der Geist des Herrn ist, da ist Freiheit (2. Korinther 3,17).

Eines der ersten Dinge, die der Heilige Geist in meinem Leben in Sachen «Zeugnis ablegen für Jesus» tat, war Folgendes: Er nahm mir die schwere Last ab und befreite mich von allem, indem er mir zuredete: «Andy, du musst gar nichts tun. Jesus hat keinerlei Erwartungen an dich. Er liebt dich auch ohne deine Heldentaten.» Was war das doch für eine Erleichterung!

Nun konnte ich ganz ehrlich zugeben: «Mein lieber Freund, Heiliger Geist, du weisst, dass ich von mir aus zu feige bin, um mich vor den Menschen zu Jesus zu bekennen. Du kennst aber mein Herz und weisst auch, dass ich nichts lieber täte, als mich mutig zu meinem geliebten Herrn Jesus zu stellen und anderen von ihm zu erzählen. Ich vertraue dir, dass du mich heute in Situationen hineinführst, die von dir geleitet sind. Ich danke dir auch, dass du mich nie überfordern oder im Regen stehen lassen wirst. Und danke, lieber Heiliger Geist, dass ich mir daraus keinen Stress machen muss. Amen.» Es ist einfach umwerfend, wie mir da der Heilige Geist geholfen hat und weiter täglich hilft. Plötzlich ergaben sich zum Beispiel während meiner Militärzeit ganz natürliche Gespräche über den Glauben. Mir wurde auf einmal auch bewusst, dass ich ja jetzt beim Zugfahren oder im Freibad ohne Scham in meiner Bibel lesen konnte. Früher wäre mir das mehr als peinlich gewesen.

Einmal forderte der Heilige Geist mich aber speziell heraus. Eine ehemalige Nachbarin lud Esther und mich an ihre Zivilhochzeit ein. Dabei bat sie mich, dass ich an ihrem Fest noch irgendetwas über Gott sagen sollte, da sie ja nicht kirchlich heirateten. Innerlich zitternd blickte ich dann in diesem Bierfestzelt meinem Auftritt entgegen. Die Tanzmusik war bereits auf der Bühne und ich hatte insgeheim gehofft, dass mein Einsatz in Vergessenheit geraten war, als ich dann doch noch angekündigt wurde. Mit meiner Bibel unter dem Arm bestieg ich die Bühne. Was ich genau an diesem Abend alles gesagt habe, weiss ich nicht. Aber etwas Gewaltiges geschah: In dem Augenblick, wo ich meinen Mund öffnete, kam die Salbung des Heiligen Geistes über mich und alle Menschenfurcht war augenblicklich verschwunden. Am Schluss hörte ich mich zu meiner eigenen Überraschung sagen: «Ich möchte jetzt noch beten und Gott bitten, dass er das Brautpaar und dieses Fest heute Abend segnet.»

Nach dem Amen öffnete ich meine Augen und erwartete, dass mich nun einige der bereits angetrunkenen Gäste auslachen würden; aber das Gegenteil war der Fall. Ich erntete einen herzlichen Applaus, und später kamen diverse Leute auf mich zu und dankten oder gratulierten mir zu diesem Mut. Ein Teenagermädchen, vom Alkohol oder von Drogen bereits benebelt, trat zu mir und meinte: «Sollte ich einmal heiraten, dann will ich, dass du an meiner Hochzeit redest.»

Die Bibel – heute mein Lieblingsbuch

Jedes deiner Worte ist geläutert und rein, und ich, dein Diener, habe sie lieb gewonnen (Psalm 119,40).

Was gibt es Spannenderes als zusammen mit dem Heiligen Geist in der Bibel zu lesen. Er ist schliesslich auch der Autor dieses Buches, und die Bibel trägt ja seinen Namen: Schwert des Geistes. Mir erging es nun etwa so wie seinerzeit den Emmaus-Jüngern, als Jesus ihnen durch die ganze Heilige Schrift hindurch offenbarte, wo er verborgen überall auftaucht. Plötzlich entdeckte ich den Heiligen Geist überall in der Bibel. Im Alten Testament zum Beispiel taucht er bei Noah als diese Taube auf, die er zu sich hinein in die Arche nahm (das englische Wort *ark* bedeutet auch Bundeslade, also der Ort, wo Gott wohnt). Er brachte ihm später das neue Leben und führte ihn und seine ganze Familie hinaus in die Freiheit. In der Offenbarung dann begegnet mir der Heilige Geist als die sieben Feuerfackeln Gottes vor dem Thron, also als der gleiche, siebenfältige Geist, der Jesus seinerzeit für seinen Dienst ausgerüstet hatte und vom Propheten Jesaja bereits hunderte von Jahren zuvor angekündigt wurde. Der Heilige Geist offenbarte mir auch nach und nach so viele wunderbare Dinge aus seinem Wort. Mir erging es oft so wie einem Taucher, wenn dieser zum ersten Mal in eine für ihn ganz neue Unterwasserwelt abtaucht. Meine Tagebücher begannen sich mit immer neuen Offenbarungen und Erkenntnissen zu füllen. Dabei trainierte mich der Heilige Geist aber auch, mit seinem Schwert gegen die listigen Angriffe des Feindes zu kämpfen.

Es gab aber auch Zeiten in meinem Leben, da konnte ich mich nur noch an einer bestimmten Verheissung aus Gottes Wort festklammern wie ein Ertrinkender, der sich an einem Rettungsring festhält.

Dann erlebe ich auch oft, dass der Heilige Geist mich bei derselben Bibelstelle tiefer und tiefer hineinführen kann, so dass ich immer wieder neue Erkenntnisse aus der gleichen Stelle empfange, etwa so wie der Colorado-Fluss über die Jahrtausende tiefere Gesteinsschichten zu Tage gebracht und so den Grand Canyon gebildet hat.

Es ist auch der Heilige Geist, der in mir mehr und mehr diesen geistlichen Hunger nach dem himmlischen Manna freisetzt. Ich beginne Jesus zu verstehen, als er in der Wüste Gottes Wort dem Satan entgegenwarf: «Der Mensch lebt nicht vom Brot alleine, sondern von jedem Wort, das aus dem Munde Gottes kommt.»

In der Schrift offenbart mir der Heilige Geist Jesus und den Vater. Er führt mich zum Beispiel immer tiefer in das Geheimnis des Kreuzes hinein, oder er lässt mich anhand der Geschichte der beiden verlorenen Söhne in das wahre Vaterherz Gottes hineinblicken.

Auch nimmt er mich live hinein in das Leben und Wirken Jesu, als dieser noch auf dieser Erde wandelte.

Auf einmal wird da Gottes Wort aus Matthäus 15, 29-39 vor meinen inneren Augen lebendig. Da sehe ich Jesus, wie er sich, oben am Berg angekommen, müde auf einen Stein setzt, um ein wenig auszuruhen. Sein Haar bewegt sich sanft im Wind, der ihm ein bisschen Kühlung verschafft. Seine wunderschönen Augen schweifen sehnsüchtig in die Ferne. Dann ein leichter Seufzer nach oben, denn diese Verschnaufpause war nur von kurzer Dauer gewesen. Plötzlich hört er nämlich Menschenlärm. Zu Tausenden kommen sie da zu ihm hoch. Sie tragen Lahme. Sie führen Blinde. Krüppel humpeln den Berg hoch oder kriechen mühsam auf allen Vieren. Welch ein bizarres Bild. Oben angekommen, werfen die Gesunden all die Invaliden und Kranken dann regelrecht vor Jesu Füsse, so wie man etwas Wertloses auf den Boden schmeisst. Und Jesus heilt sie alle. Danach aber gehen diese 4000 Männer (Frauen und Kinder nicht einmal dazugerechnet), die nun alle eines gemeinsam haben, nämlich dass sie alle gesund und normal sind, nicht etwa wieder den Berg hinunter. Nein, im Gegenteil, sie hören nun Jesus noch geschlagene drei Tage gebannt zu und saugen jedes seiner Worte hungrig auf. Alles andere im Leben wird für sie plötzlich zur Nebensache. Jesus entliess sie dann nach diesen drei herrlichen Tagen aber erst, nachdem er sie zuvor alle noch mit einem köstlichen Picknick verwöhnt hatte. Was war das wohl für ein Schock für all die Menschen, die unten geblieben waren. Wo vor drei Tagen noch niedergeschlagene Krüppel hinaufkrochen und hoffnungslose Blinde den Berg hinaufstolperten, rasen, springen und hüpfen nun überglücklich Geheilte jauchzend und laut singend den gleichen Berg wieder herunter. Dieser Schock auch für all die umliegenden Spitäler, Ärzte und Quacksalber! Was für Szenen mögen sich wohl in all den Häusern abgespielt haben; Szenen wie diese: «Sag mal, was hast du dir eigentlich dabei gedacht, einfach mal so für drei Tage unterzutauchen und mich alleine mit den Kindern und Tieren zu lassen?»

Und so lerne ich von Jesus, meinem Heiler. Ich staune über sein Erbarmen. Ich freue mich über die gewaltigen Zeichen und Wunder und kann nicht anders, als ihn immer wieder ganz neu und begeistert anzubeten.

Emporgehoben aus Gefangenschaften

Er streckte [seine Hand] aus von der Höhe und ergriff mich, er zog mich aus grossen Wassern; er rettete mich von meinem mächtigen Feind, von meinen Hassern, die mir zu stark waren.

Du hast mich erhöht über meine Widersacher, du hast mich errettet von dem Mann der Gewalttat! (2. Samuel 22,17-18 und 49b)

Und genau das hat der Heilige Geist auf wunderbare Art und Weise mit mir getan. Er befreite mich aus all meinen Gefangenschaften. Mächte, die stärker waren als meine eigene Kraft, um mich von ihnen befreien zu können, mussten loslassen und der Kraft des Heiligen Geistes weichen. Und das geschah so: Der Heilige Geist hob mich aus diesen Gefängnissen empor und setzte mich auf den Boden der Freiheit. Bei einigen Gefangenschaften dauerte das seine Zeit, bei anderen war ich plötzlich frei. Etwa so wie bei Petrus, der da erst noch hinter schweren Gefängnistüren mit Ketten gefesselt und bestens bewacht da sass und im nächsten Augenblick als freier Mann auf der Strasse stand. Der Heilige Geist ist ein starker Held und Befreier. Satan fürchtet neben Jesu Blut nichts mehr als die Salbung des Heiligen Geistes. Wie liebe ich doch meinen starken Freund!

Mehr und mehr lernte ich auch, was es heisst, ein Leben im Geist und zusammen mit dem Heiligen Geist zu führen. Kannte ich bis anhin als Christ nur ein Leben im Fleisch, wo ich in eigener Kraft gegen alle Versuchung und Verführung ankämpfen musste und dabei doch immer wieder kläglich versagte, so war nun dieses neue Leben mit meinem ständigen Helfer und Freund, dem Heiligen Geist, an meiner Seite doch so viel entkrampfter und erfüllender.

Ein Leben in der ersten Liebe

> *Mit leidenschaftlichem Eifer sehnt sich der Geist, den Gott in uns hat Wohnung nehmen lassen, danach, dass wir Gott allein ergeben sind (Jakobus 4,5).*

Dieser Vers wurde mir zu einer gewaltigen Offenbarung: Der Heilige Geist als eigenständige Person sehnt sich leidenschaftlich nach mir, genauso wie es auch der Vater und der Sohn tun. Er möchte mich ganz alleine für sich haben. Er begehrt mich. Er möchte für immer mit mir zusammen sein. Wow! Und diese Leidenschaft legte er auch mehr und mehr in mich hinein. Es ist seine Leidenschaft in mir, die ein immer stärkeres Sehnen nach der Gegenwart Jesu hervorruft. Welche Erleichterung, als mir bewusst wurde, dass ich eine solche Leidenschaft selber gar nicht besitzen noch mir antrainieren kann. Genau das unterscheidet doch meinen lebendigen Glauben von jeder Religion. In der engen Freundschaft mit meinem leidenschaftlichen Heiligen Geist werde ich automatisch *auch* immer leidenschaftlicher. Deshalb finden wir doch im letzten Buch der Bibel, in Offenbarung 22,17, eine leidenschaftliche Braut vor, die kaum noch länger auf Jesu Wiederkommen warten kann und vom Feuer der Leidenschaft des Heiligen Geistes angezündet, zusammen mit ihm ruft. *Und der Geist und die Braut sprechen: Komm! Und wer es hört, der spreche: Komm! Und wen da dürstet, der komme; und wer da will, der nehme das Wasser des Lebens umsonst!*

Gott wird erfahrbar

Die drei wichtigsten Dinge im Leben

> *Die Gnade unseres Herrn Jesus Christus und die Liebe Gottes und die Gemeinschaft des Heiligen Geistes sei mit euch allen (2. Korinther 13,13)!*

Der Apostel Paulus wünscht den Korinthern, dass drei Dinge in ihrem Leben als Christen sie täglich begleiten würden:

1. *Die Gnade unseres Herrn Jesus Christus.* Täglich müssen wir in dieses Gnadenbad hineingetaucht werden, nämlich dass Jesus alles, aber auch wirklich alles für uns errungen hat und dass es dem Kreuz nichts mehr hinzuzufügen gibt. Das Kreuz, der Ort der Gnade (nicht nur für den reumütigen verlorenen Sünder), muss unser Zuhause sein. Dort muss es uns wohl sein.

2. *Die Liebe Gottes (Gott Vater).* Wenn wir nicht tief in dieser Vaterliebe Gottes verwurzelt sind, dann werden auch wir früher oder später einmal dort enden, wo der ältere der beiden verlorenen Söhne gelandet ist. Wir werden den Vater im Himmel aus Eifersucht gegenüber seinen anderen Kindern, die unserer Meinung nach unverdient seine Liebe und Zuwendung erfahren, anklagen. Wir werden ihm vorhalten, dass wir ihm ja trotzdem nie genügen können, auch wenn wir noch so schuften und uns abrackern,

3. *Die Gemeinschaft des Heiligen Geistes.* Ist es nicht interessant, wie die Gemeinschaft mit dem dreieinigen Gott mit der Person

des Heiligen Geistes in Verbindung gebracht wird und nicht etwa mit dem Vater oder dem Sohn? Warum das? Der Grund ist: Gott der Vater und Gott der Sohn werden nur in der engen Gemeinschaft mit dem Heiligen Geist erfahrbar.

Ein Kind will die Liebe seines Vaters spüren

Denn die Liebe Gottes ist ausgegossen in unsere Herzen durch den Heiligen Geist, der uns gegeben worden ist (Römer 5,5).

Es war mein wunderbarer Freund, der Heilige Geist, der mir endlich die Vaterliebe Gottes schenken konnte, denn bis anhin hatte ich nur meinen Verstand zur Verfügung, um mir vorzustellen, dass der Vater im Himmel mich grundsätzlich schon lieben würde, sonst hätte er es ja nicht explizit immer wieder in der Bibel erwähnt. Aber wie kann man mit dem Verstand je Vaterliebe spüren? Wie kann man im Verstand eine herzliche Vaterumarmung empfangen? Unmöglich. Das ist etwa so, wie wenn ich als Vater meinen beiden Kindern Tag für Tag am Morgen, am Mittag und am Abend beteuern würde, dass ich sie über alles liebe. Das reicht doch nicht! Irgendwann wollen meine Kinder endlich diese Vaterliebe spüren; sie wollen doch, dass ich sie in die Arme nehme und fest an mich drücke.

Übrigens gibt es für mich als Vater nichts Schöneres, als wenn ich meinen Sohn und meine Tochter fest an mein Herz drücken kann.

Da entsteht eine ganz spezielle Verbindung von Vaterherz zu Kinderherz, die ich so, nur mit einem freundschaftlichen Box, nicht herstellen kann.

Und genauso verhält es sich mit dem Vater im Himmel. Da gibt es einen Platz in seinem Vaterherzen, der nur mit dir und keinem anderen seiner Kinder ausgefüllt werden kann. Und als dein Vater sehnt er sich so danach, dich zu umarmen und dich seine Liebe spüren zu lassen. Nun aber kann unser natürlicher, sündiger Körper nie und nimmer eine physische Umarmung des himmlischen Vaters überleben. Er ist so heilig – wir würden auf der Stelle sterben. Ich habe schon von Männern Gottes gehört, die Gott angefleht hatten, aufzuhören, noch mehr von seiner Liebe zu ihnen fliessen zu lassen, da ihr physischer Körper kein bisschen mehr von dieser göttlichen Liebesenergie ertragen konnte.

Was aber im Natürlichen auf dieser Erde noch nicht möglich ist, kann durch den Heiligen Geist bereits in unserem Geist geschehen. Er kann und will unser Herz mehr und mehr mit dieser Vaterliebe Gottes ausfüllen. Und diese Liebe ist spür- und erfahrbar.

Hast du Gottes Vaterliebe und seine Umarmung auch schon einmal gespürt?

Wie denkt der Vater gerade jetzt über mich?

«Er selbst, der Vater, hat euch lieb» (Johannes 16,27).

Wäre es nicht herrlich, wenn du genau wüsstest, was der Vater und der Sohn zum Beispiel gerade jetzt über dich denken? Sicher haben wir Gottes Wort, in dem wir einiges darüber erfahren können. Aber seien wir mal ehrlich: Wüssten wir es manchmal nicht doch gerne noch etwas spezifischer? Was genau denkt der Vater über mich, nachdem ich ihn in meinen eigenen Augen gerade eben so masslos enttäuscht habe? Zwar rede ich mir ein, dass er ja ein gnädiger Gott sei, aber eigentlich sagt mir meine Seele etwas ganz anderes, und voller Scham getraue ich mich kaum, meinen Blick nach oben zu richten. So erging es mir früher oft.

Doch jetzt habe ich meinen besten Freund, den Heiligen Geist. Er ist Tag und Nacht beim Vater und beim Sohn. Er kennt die tiefsten Gedanken des Vaters und des Sohnes über mich. Nichts ist ihm verborgen. Zur gleichen Zeit aber lebt derselbe Heilige Geist ja auch in mir. Und er, nur er allein, kann meinem Geist die Gedanken des Vaters und des Sohnes überbringen. Und so kann es vorkommen, dass er mir zuflüstert, wenn ich mit ihm zusammen bin: «Übrigens, einen herzlichen Gruss von Daddy und so denkt er über dich: Ich liebe dich so, unabhängig, wie du dich gerade verhältst. Nie kann ich genug von dir haben.» Und der Heilige Geist fährt fort: «Und Jesus lässt dir ausrichten: Weisst du, wegen deinem Stolpern vorhin, ich habe für dieses Versagen am Kreuz bereits bezahlt. Lass dich von mir einfach reinwaschen. Es ist alles gut.» In solchen Momenten steigt dann eine tiefe Liebe aus meinem Herzen empor und ich kann nur noch zurückflüstern: «Danke Daddy, ich liebe dich so. Ich bin so gerne dein Kind. Du bist der beste Vater. – Danke, Herr Jesus, ich liebe dich so. Danke für dein kostbares Blut. Jesus, jetzt fühle ich mich so frei, und ich spüre nun so richtig deine Liebe, mit der du mich liebst. Weisst du, ich will dir von ganzem Herzen nachfolgen und ich weiss, dass du mir das glaubst. Du bist ein so wunderbarer Herr und König.»

Freundschaft mit dem Heiligen Geist – ganz praktisch

Ich ziehe mich an einen ruhigen und privaten Ort zurück

Solange ich durch Menschen gestört oder durch das Handy in Griffnähe abgelenkt werden kann, ist es unmöglich, in die tiefe Gemeinschaft mit dem Heiligen Geist zu treten.

Ich bin nicht unter Zeitdruck

Der Heilige Geist will mich ganz für sich haben. Ist es nicht so, dass bei zwei Verliebten die Zeit plötzlich keine Rolle mehr spielt? Da wird für den Mann das Champions-League-Fussballspiel zur Nebensache und die Frau vergisst ganz ihre Lieblingsserie.

Ich mache es mir gemütlich

Wie zwei Verliebte entspannt auf einer Couch sitzen oder am Waldrand auf einer Bank, genauso richte ich mich gemütlich ein, manchmal mit einer Tasse Kaffee.

Ich komme zur Ruhe

Dinge schwirren mir durch den Kopf, Sorgen des Alltags wollen mich absorbieren. Ich lege alles Unbewältigte und Ungelöste bewusst in Gottes Hände zurück – schliesslich sorgt er ja für mich.

Und da bin ich jetzt so froh über die Gabe des Sprachengebets. Oft beginne ich nun, in Sprachen zu beten, denn das geht so leicht. Dinge des Alltags treten nun langsam mehr und mehr in den Hintergrund. Gedanken, die mich noch fünf Minuten vorher gefangen halten wollten, lösen sich plötzlich auf. Ich fange langsam an, die Zeit mit dem Heiligen Geist zu geniessen. Ein tiefer Friede beginnt mich mehr und mehr zu erfüllen und ich trete in eine Ruhe ein. Plötzlich beginne ich die Zeit zu vergessen. Ich will nun diesen verborgenen und geschützten Ort gar nicht mehr verlassen.

Er spricht zu mir

Meine Bibel und mein Notizbuch liegen griffbereit neben mir. Nicht das ich partout in der Bibel lesen oder mir Notizen für eine eventuelle neue Predigt machen müsste, schliesslich halte ich ja kein Geschäftsmeeting mit dem Heiligen Geist ab. Nein, der Grund ist ein anderer. Wenn er mir ein kostbares Geheimnis aus Gottes Wort offenbart, will ich das unbedingt für mich festhalten.

Er schwärmt vom Vater und vom Sohn

Manchmal redet er mit mir auch über den Vater und den Sohn. Niemand kann so vom Vater im Himmel und vom Sohn Gottes schwärmen, wie es der Heilige Geist tut. Das steckt an.

In Gottes Gegenwart

Ein anderes Mal führt mich der Heilige Geist in die tiefe Gegenwart Gottes. Dann wird alles still. Dann braucht es keine vielen Worte mehr. Dann wird mein Innerstes gefüllt mit der Herrlichkeit Gottes und ich kann nicht mehr anders, als einfach so vor meinem Gott zu sein.

In seinen Armen geborgen

Gibt es ein schöneres Bild für Geborgenheit, als wenn ein Baby frisch gestillt in den Armen seiner Mutter einschläft? Nicht selten schlafe auch ich in diesen Zeiten der Ruhe einfach friedlich und geborgen ein.

Anbetungsmusik

Persönlich liebe ich es noch oft, im Hintergrund leise, ruhige und instrumentale Anbetungsmusik (damit der Text mich nicht ablenkt) zu hören. Das ist für mich keine Meditationstechnik, aber es hilft meiner Seele, zur Ruhe zu kommen.

Ganz wie bei Petrus

Als ich mich einmal intensiver mit der Geschichte von Petrus befasste, konnte ich mich in so vielen Punkten mit ihm identifizieren: Er wollte – wie ich – Jesus seine Liebe und Treue beweisen. Er wollte sich auch mutig zu Jesus als seinem Herrn bekennen. Doch sein Leben als Jünger Jesu endete scheinbar da, wo er nach seiner dreimaligen Verleugnung bitter weinend über sein klägliches Versagen in die Nacht hinausging.

Doch halt! Wenn sogar Petrus Jesus erst richtig nachfolgen konnte, nachdem der Beistand, der Heilige Geist, in ihm Wohnung genommen und ihn mit seiner Kraft erfüllt hatte, wie sollte ich es dann ohne diesen wunderbaren Freund schaffen können? Diese erlösende Erkenntnis hob in meinem Leben eine tonnenschwere Last weg.

Und hier ist die Geschichte des Jüngers Petrus, die irgendwie auch meine ist:

Als Jesus kurz vor seinem Kreuzestod seinen Jüngern mitteilte, dass sie sich alle von ihm abwenden und ihn verlassen würden, konnte Petrus das nicht akzeptieren. Voller Überzeugung versprach er seinem Meister, auch wenn alle anderen ihn verliessen, er ihm, wenn nötig, bis in den Tod folgen würde. Und wie es Petrus dabei ernst war! Todesmutig stellte er sich im Garten Gethsemane schützend vor seinen Herrn und hieb einem Bodyguard des Hohenpriesters das rechte Ohr ab. Er, Petrus, verteidigte seinen geliebten Herrn gegen eine grosse Übermacht von bewaffneten Männern.

Das Krähen des Hahnes nach seinem dreimaligen Verleugnen riss ihn dann aber jäh aus seiner Illusion heraus und ging ihm durch Mark und Bein. Und dann trafen sich in diesem schrecklichen Vorhof des Hohenpriesters Kaiphas seine Blicke mit denen seines gefangenen Herrn, den er so feige verleugnet hatte. Bitter enttäuscht über sich rannte Petrus dann hinaus in die Nacht. Dunkelheit umschlang dabei auch sein Inneres. Er hatte versagt. Er hatte es verspielt. Er konnte seinem geliebten Herrn nicht die Treue halten. Alle seine grossen Bekenntnisse über Jesu Gottheit, alles Laufen auf dem Wasser, alle Heilungen, die er in Jesu Namen vollbringen konnte, spielten nun keine Rolle mehr. Er hatte kläglich versagt. Nicht mehr länger würde er sich als Jünger Jesu ausgeben dürfen.

Aber Jesus gab Petrus nie auf. Hatte er ihm nicht im Vornherein bereits zugesprochen, dass er für ihn gebetet habe, damit er seinen Glauben nicht verlieren würde? Hatte er ihm nicht vorausgesagt, dass er wieder zurückfinden würde und dann seine Brüder stärken solle?

Weiter wusste Jesus auch etwas: seine Jünger würden erst nach Pfingsten so richtig begreifen, dass die Kraft des Heiligen Geistes sie zu unerschrockenen Nachfolgern befähigen würde. Und genau aus diesem Grund befahl er ihnen auch auf dem Ölberg, Jerusalem erst dann zu verlassen, nachdem sie mit dieser Kraft von oben bekleidet worden seien.

Und dann kam Pfingsten. Der gleiche Petrus, der noch nicht lange Zeit zuvor von einer Magd eingeschüchtert werden konnte, so dass er seinen Meister verleugnete, der gleiche Petrus, der sich zusammen mit den anderen Jüngern aus Furcht vor der Rache der Menschen in einem Raum eingeschlossen hatte, der gleiche Petrus, der noch bis vor Kurzem keine Zukunft mehr als Jünger Jesu sah und wieder fischen ging, der gleiche Petrus – war eben doch nicht mehr der gleiche Petrus.

Jesu prophetische Worte, die er über seinen Jüngern vor seiner Himmelfahrt ausgesprochen hatte, waren haargenau eingetroffen: «Ihr aber werdet Kraft empfangen, nachdem der Heilige Geist auf euch gekommen ist, und ihr werdet meine Jünger sein in Jerusalem, in ganz Judäa und Samarien und bis an die Enden der Welt.»

Da stand er nun, der Fels Petrus. Er konnte seine Predigt nicht vorbereiten. Er hatte diese Grossevangelisation auch nicht selbst ins Leben gerufen, geschweige denn, sich das Publikum ausgesucht. Zu Tausenden strömten sie herbei, fromme Juden aus aller Herren Ländern und natürlich auch ortsansässige Juden. Von einem lauten Getöse aufgeschreckt und neugierig geworden wollten sie wissen, was das wohl für ein Lärm sei, der da ihr religiöses Fest störte. Viele von ihnen hatten erst noch einen guten Monat zuvor lauthals geschrien: «Kreuzige ihn! Kreuzige ihn!»

Es war der Heilige Geist, der der Grund dieses ganzen Aufruhrs in Jerusalem war. Im Gegensatz zu Jesu Ankunft hatte er die seine ganz bewusst mit grossem Getöse angekündigt. Da gab es nichts zu verstecken oder zu verheimlichen. Er, die dritte Person Gottes, der von Jesus verheissene Nachfolger, der grosse Tröster, Ratgeber, Coach und leidenschaftliche Freund ist auf der Welt angekommen und hat die Braut Jesu mit seiner manifestierten Gegenwart für immer erfüllt. Jesu Jünger wurden, wie es ihr Herr versprochen hatte, nicht als Waisen zurückgelassen. Wo Gott als Vater seines erwählten Volkes Israel im Alten Testament über den Menschen thronte, durch Jesus als Gott unter den Menschen lebte, nahm Gott im Heiligen Geist nun für immer Wohnung in den Menschen.

All die ungefähr 120 Männer und Frauen, die Jesu Worten gehorchend auf diesen geheimnisvollen Heiligen Geist gewartet hatten, wurden mehr als einfach ein wenig verändert oder erneuert; sie wurden regelrecht transformiert. Sie waren nicht mehr die gleichen. Eben noch beteten sie Gott an mit Worten, die im Verstand geboren wurden, und nun lobten sie ihren Gott in einer völlig neuen, vom Heiligen Geist geschenkten Sprache, die nur so unkontrollierbar aus den Tiefen ihrer Herzen herausbrach wie ein Wasserstrom, der eine Staumauer eingedrückt hatte. Wo sie um acht Uhr noch nüchtern eine Gebetsversammlung abhielten, waren sie um neun Uhr völlig betrunken im Heiligen Geist. Die Herbeiströmenden konnten sich diese Ausgelassenheit nicht anders erklären, als dass da Alkohol im Spiel sein müsse.

Petrus konnte nun gar nicht mehr anders, als aufzuspringen und den Mund zu öffnen. Die Salbung des Heiligen Geistes war so mächtig über ihm. Wahrscheinlich über sich selber erstaunt, zitierte er plötzlich Worte aus dem Buch des Propheten Joel und wusste augenblicklich, dass gerade eben eine darin aufgeschriebene Prophetie vor ihren Augen in Erfüllung gegangen war. Aber das war erst der Anfang. Jetzt legte der Evangelist Petrus mit seiner Predigt so richtig los. Kein Blatt nahm er vor den Mund, kein Wort wurde zuerst vorsichtig abgewogen, ob es wohl so seine Lippen verlassen dürfe. Das Feuer des Heiligen Geistes brannte in ihm. Ich stelle mir vor, wie da die anderen elf Jünger neben Petrus standen, ihn anfeuerten, ihre Hallelujahs dazwischen riefen und ihn immer wieder mit grossen, erstaunten Augen ansahen. Und nach dem Amen des Petrus kam die absolute Überraschung: 3000 Personen unter den Zuhörern erzitterten, einige fielen wahrscheinlich auf ihre Knie, anderen rannen die Tränen über die Wangen. Das Wort Gottes wurde zum Schwert des Geistes und war in ihr Innerstes eingedrungen. Der Heilige Geist hatte sie von ihrer Sünde, Gottes Gerechtigkeit und dem Gericht überführt, genau so, wie es Jesus vorausgesagt hatte. Wie Ertrinkende flehten sie die Jünger an: »Brüder, was sollen wir tun?» Ich kann mir gut ausmalen, wie da Petrus völlig perplex seine Freunde anblickte und sich fragte: «Was habe ich richtig gemacht?» Etwa so, wie wenn ein Fussballspieler von zu hinderst des Spielfeldes den Ball absolut perfekt ins obere Toreck des gegnerischen Tors kickt und das erst noch mit einer noch nie da gewesenen Wucht. Und an diesem Morgen durften Petrus und die restlichen Jünger diese 3000 Menschen mit Jesus, dem Retter der Welt, bekannt machen.

Das war aber erst der Anfang, denn jetzt ging es so richtig los. Die Jünger begannen immer mehr zu entdecken, dass ein Leben unter der Herrschaft des Heiligen Geistes ein Leben ohne Grenzen und Einschränkungen durch Menschen ist, eben ein übernatürliches Leben. Unter der Salbung des Heiligen Geistes vollbrachten sie gewaltige Zeichen, Wunder und spektakuläre Heilungen; und in der engen Gemeinschaft mit dem Heiligen Geist wurde Jesus für die Jünger täglich so real, obwohl er ja physisch im Himmel war, dass es sogar die religiöse Elite erkennen musste und darum eingestand: «Die sind mit Jesus zusammen gewesen.» Den Jüngern war aber wohl bewusst, dass dieser plötzliche Zeugenmut seinen Ursprung nicht in ihnen hatte, sondern vom Heiligen Geist grosszügig geschenkt wurde. Petrus und Johannes, gerade als mutige Zeugen zurückgekommen von einem Kreuzverhör vor dem vollversammelten Hohen Rat, beteten deshalb zusammen mit den anderen Glaubensgeschwistern: «Und jetzt, Herr, sieh ihre Drohungen an und verleihe deinen Knechten, dein Wort mit aller Freimütigkeit zu reden, indem du deine Hand ausstreckst zur Heilung, und dass Zeichen und Wunder geschehen durch den Namen deines heiligen Knechtes Jesus!»

Und nach diesem aufrichtigen Gebet bebte der ganze Ort, an dem sie sich versammelt hatten. Sie wurden alle wieder neu mit dem Heiligen Geist erfüllt und predigten Gottes Wort mit noch grösserer Freimütigkeit.

Meine prophetische Überzeugung

Der Tag wird kommen, da wird das Ziehen und Rufen des Heiligen Geistes in den Herzen der Nachfolger Jesu so stark werden, dass sie den Tag um diese kostbaren Zeiten herum planen werden. Da wird sie eine Frage ständig begleiten: Wann kann ich endlich wieder mit meinem Freund, dem Heiligen Geist, zusammen sein?

Der Heilige Geist ruft ganz speziell auch die Jugend

Der Feind versucht mit allen Mitteln dies zu verhindern. Und er tut es, indem er sie mit Smartphone und Co. beinahe Tag und Nacht beschäftigt und online hält oder mit immer raffinierteren Computerspielen in eine virtuelle Scheinwelt entführt, in der sie den Alltag, alle Schmerzen und Ängste hinter sich lassen können. In dieser Welt regieren sie. In dieser Welt bestimmen sie, was sie an sich heranlassen wollen und was nicht. In dieser Welt sind sie Kämpferhelden und gewinnen grosse Schlachten. In dieser Welt spielt Zeit keine Rolle mehr.

Der Feind ist aber nur ein Nachäffer. Der Heilige Geist hält für diese Generation noch einen viel herrlicheren Ort bereit. Auf ihr ruht nämlich eine ganz spezielle Salbung, die sie zu leidenschaftlichen Anbetern und Kämpfern des lebendigen Gottes freisetzen wird: *Lobpreis Gottes sei in ihrer Kehle und ein zweischneidiges Schwert in ihrer Hand (Psalm 149,6).*

Der Tag wird kommen

Und das wird in Zukunft etwa so aussehen: «Noch eine Lektion Französisch, dann ist's geschafft», sagt David innerlich zu seinem Freund. Da, der erlösende Klingelton. Daheim angekommen wirft David den Schulrucksack in die Ecke, zieht sich in sein Zimmer zurück, macht es sich auf dem Bett bequem, schliesst die Augen und flüstert: «Endlich, Heiliger Geist, können wir wieder zusammen sein.» Es sind diese wunderbaren Zeiten der Gemeinschaft mit seinem Freund, nach denen er sich jeden Tag sehnt. Diese Zeiten sind Himmel auf Erden. Ein tiefer Friede beginnt sich jeweils auszubreiten. Wichtiges wird unwichtig, der Geist spricht zu ihm, stärkt ihn, tröstet ihn, führt ihn zu herrlichen Verheissungen im Wort Gottes, setzt tief in seinem Innern eine neue Leidenschaft für Jesus frei, füllt sein Herz mit Dankbarkeit und Liebe zum treuen himmlischen Vater. In diesen herrlichen Gemeinschaftszeiten gibt es kein Programm, kein Protokoll. Da gibt sich David einfach dem Heiligen Geist hin. Da sind nur der dreieinige Gott und er.

Der Geist der Gnade wird nochmals ausgegossen

Und danach werde ich meinen Geist auf alle Menschen ausgiessen (Joel 3,1).

Der Heilige Geist ist der Geist der Gnade

In Gottes Wort lesen wir, dass der Heilige Geist auch der Geist der Gnade ist (Sacharja 12,10; Hebräer 10,29).

Ohne diesen Geist der Gnade hätte kein einziger Mensch das Gnadengeschenk der Errettung erkennen und empfangen können und Jesus wäre umsonst am Kreuz gestorben. Ohne diesen Geist der Gnade könnten wir Kinder Gottes die uns verheissene, täglich neue Gnade gar nicht erfahren und annehmen und somit würden wir keinen einzigen Tag als Christen überleben können.

Warum aber hat der Heilige Geist ein Ja zu dieser letzten Ausgiessung?

Da Gott der Vater gemäss Johannes 3,16 aus Liebe zur Welt seinen einzigen Sohn in die Welt sandte, ist es auch die gleiche Liebe, die den Vater bewegt, nochmals seinen Geist über alle Menschen auszugiessen. Wie aber steht der Heilige Geist zu dieser letzten, weltweiten Ausgiessung? Wir müssen uns nämlich zum einen bewusst sein, dass der Heilige Geist als eigenständige Person einen absolut freien Willen hat und nie vom Vater zu dieser gewaltigen Tat gezwungen würde. Und zum anderen bedeutet sein Ja zu dieser weltweiten Ausgiessung, dass er, obwohl er die zarteste, am leichtesten verletzbare und absolut reine Person ist, sich bereit erklärt, nochmals alles sündige, pervertierte, Abgrund tief verdorbene, rebellische, verletzte und zerschundene Fleisch mit seiner Heiligkeit (er ist der Heilige Geist) und seiner Herrlichkeit (er ist auch der Geist der Herrlichkeit) zu überschatten (1. Petrus 4,14).

Warum also hat der Heilige Geist ein volles Ja? Es ist seine Liebe zu den Menschen, und zwar zu allen Menschen. Der Heilige Geist ist der Geist, der liebt (Römer 15,30).

Er hat in meinem Leben bereits damit begonnen.

Diese Gnadenausgiessung des Heiligen Geistes erfahre ich seit einiger Zeit zunehmend auch in meinem Leben. Ich spüre mehr und mehr das Sehnen meines Freundes in mir. Täglich freue ich mich auf diese herrlichen Zeiten zusammen mit meinem Freund, dem Heiligen Geist.

Und bei dir?

Der Heilige Geist liebt dich leidenschaftlich. Er hat die genau gleiche Sehnsucht auch nach dir. Spürst du sein Sehnen bereits?

Anhang: 10 mal Heiliger Geist

Es gibt einen Freund, der ist dir näher als ein Bruder (Sprüche 18,24).

Nie mehr alleine

Wer sich hingegen mit dem Herrn verbindet, wird eins mit ihm; sein Geist [Geist des Menschen] verbindet sich mit dem Geist des Herrn (1. Korinther 6,17).

In diesem Vers liegt ein tiefes Geheimnis verborgen: Noch viel mehr als Mann und Frau in der körperlichen Vereinigung im Natürlichen zu einer Eheperson verschmelzen, geschieht das im Geistlichen bei der Wiedergeburt. Mein Geist verschmilzt zu einer Einheit mit dem Heiligen Geist. Die beiden kann man von nun an bis in alle Ewigkeit nicht mehr trennen. Darum muss ich auch nie mehr alleine sein in all meinen tagtäglichen Kämpfen, Herausforderungen, aber auch Freuden. Mein bester Freund, der Heilige Geist, teilt alles mit mir, steht mir aber auch in Rat und Tat treu zur Seite. Mit ihm darf ich alles teilen.

1. Ich stehe von nun an unter der Herrschaft des Heiligen Geistes und nicht mehr der eigenen Natur

Ihr jedoch steht nicht mehr unter der Herrschaft eurer eigenen Natur, sondern unter der Herrschaft des Geistes, da ja, wie ich voraussetze, Gottes Geist in euch wohnt (Römer 8,9).

2. Ich lasse mich von nun an vom Heiligen Geist bestimmen und denke, wie ER denkt

Wer sich von seiner eigenen Natur bestimmen lässt, dessen Leben ist auf das ausgerichtet, was die eigene Natur will; wer sich vom Geist Gottes bestimmen lässt, ist auf das ausgerichtet, was der Geist will (Römer 8,5).

3. Seine Kraft in mir ist es, die fortwährend die aufkommenden fleischlichen Begierden tötet

Wenn ihr aber mit der Kraft des Geistes eure selbstsüchtigen Wünsche tötet, werdet ihr leben (Römer 8,13).

4. Der Heilige Geist in mir schlägt den Feind in die Flucht

Wenn der Feind wie eine Flutwelle hereinbricht, wird der Geist des Herrn das Siegesbanner gegen ihn erheben und ihn in die Flucht schlagen (Jesaja 59,19).

5. Der Heilige Geist befähigt mich, alle Gebote Gottes zu halten und in ihnen zu wandeln

Ja, ich will meinen Geist in euer Inneres legen und werde bewirken, dass ihr in meinen Satzungen wandelt und meine Rechtsbestimmungen befolgt und tut (Hesekiel 36,27).

6. Überall da, wo der Heilige Geist der Herr ist, da ist Freiheit

Und wo der Geist des Herrn ist, da ist Freiheit (2. Korinther 3,17).

7. Die Salbung des Heiligen Geistes zerbricht jedes Joch der Knechtschaft in meinem Leben

Und es wird geschehen an jenem Tag, da wird seine Last von deinen Schultern weichen und sein Joch von deinem Hals, ja, das Joch wird zersprengt werden wegen der Salbung (Jesaja 10,27).

8. Wenn mein Fleisch mal durchbrannte, dann habe ich erstens das Kreuz und zweitens die Gnade des Heiligen Geistes

Ein eifersüchtiges Verlangen hat der Geist, der in uns wohnt; umso reicher ist die Gnade, die ER gibt (Jakobus 4,5b-6).

9. Die bleibende Salbung des Heiligen Geistes offenbart mir sein Wort

Und ihr habt die Salbung vom Heiligen und wisst alles. Und die Salbung, die ihr von ihm empfangen habt, bleibt in euch, und ihr habt es nicht nötig, dass euch jemand lehrt, sondern so, wie euch die Salbung selbst über alles belehrt, ist es wahr und keine Lüge; und so wie sie euch belehrt hat, werdet ihr in ihm bleiben (1. Johannesbrief 2,20 und 27).

10. Der Heilige Geist verwandelt mich automatisch ins Ebenbild Jesu. Ich muss nicht selber an mir herumbasteln

Nun aber schauen wir alle mit aufgedecktem Angesicht die Herrlichkeit des Herrn wie in einem Spiegel, und wir werden verklärt in sein Bild von einer Herrlichkeit zur andern von dem Herrn, der der Geist ist (2. Korinther 3,18).

Vom WG-Partner zum Freund

Nachwort von Hanspeter Nüesch

Das Büchlein «Heiliger Geist, wer bist du?» von Andy Salathé enthält einen wertvollen Schatz. Gleich wichtig wie es für suchende Menschen ist, Jesus Christus als persönlichen Erlöser kennenzulernen, ist es für Christusnachfolger, den Heiligen Geist als persönlichen Kraftspender und täglichen Beistand im Alltag kennenzulernen. Der Heilige Geist zeigt uns, wer Jesus Christus ist, schenkt uns ein neues Leben, erfüllt uns mit der Liebe des Vaters, gibt uns Gewissheit, dass wir Gottes Kinder sind, lehrt uns beten und die Bibel verstehen und gibt uns die nötige Kraft, Liebe und Weisheit für den Alltag. Er leitet uns im Leben und Dienst. Er ist der eigentliche Evangelist. Kurz: Er ist Gott, heute in Aktion.

Meine Erfahrung der Erfüllung mit dem Heiligen Geist hat mein Leben noch tiefgreifender verändert als meine Bekehrung. Vorher versuchte ich krampfhaft, ein guter Christ zu sein; aber es gelang mir nicht, so sehr ich auch wollte. Nach der Bevollmächtigung mit dem Heiligen Geist, bekam ich Liebe für meine Mitmenschen, einen inneren Antrieb, die gute Nachricht von Jesus Christus weiterzugeben und auch den Mut, meiner damaligen Freundin und jetzigen Frau einen Heiratsantrag zu machen.

Vorher war der Heilige Geist mein WG-Partner, um das Bild von Esther Salathé zu gebrauchen. Nachher wurde er zu einem täglichen Begleiter und Freund, der nicht mehr von meiner Seite weicht. Sicher, manchmal weiche ich von seiner Seite. Dann realisiere ich schnell, dass mir der göttliche Turbo fehlt; denn ohne Gottes Geist ist das Christenleben nicht nur kraftlos, sondern echt trostlos.

Wenn ich auf die vergangenen 40 Jahre Partnerschaft mit dem Heiligen Geist zurückschaue, dann kann ich nur staunen. Alles Gelingen verdanke ich ihm. Er hat mir immer wieder neu Jesus und den Vater lieb gemacht, hat mir die Bibel erklärt und mir die nötige Liebe gegeben für meine Familie, meine Mitarbeiter und Mitarbeiterinnen, für Menschen aus nah und fern. Er hat mir die Kraft gegeben, um Dinge zu klären und um Vergebung zu bitten, und hat mich immer wieder mit einer neuen Freude und Begeisterung erfüllt.

Er ist es, der mir den Weg zeigt, indem er mich mit einer Leidenschaft für eine bestimmte Sache erfüllt. Oft erlebte ich, dass ein Projekt von menschlichem Ermessen her völlig aussichtslos schien. Aber er hat mir immer wieder die nötigen Mitarbeiter, das Knowhow und die Mittel gegeben, so dass ich meinem Vater im Himmel schließlich nach Abschluss des Projektes nur noch alle Ehre geben konnte. Oft wurde das Ziel besser als erhofft erreicht. Der Heilige Geist ist ein echter Wundertäter. Und wenn ich gedacht hatte, ich sei zu wenig heilig, damit Gott mich gut gebrauchen könne, dann hat er meinen Blick auf das vollbrachte Erlösungswerk Jesu Christi gerichtet. Mir wurde bewusst, dass Gott mich nicht deshalb zum Segen von anderen Menschen gebrauchen will, weil ich ein so vorbildlicher Christ bin, sondern weil er Menschen liebt.

In den letzten Jahren hat bei mir und meiner Frau der Hunger nach mehr Nähe und innigerer Gemeinschaft mit der dritten Person Gottes zugenommen. Uns wurde bewusst, dass noch viel mehr drin liegt, wenn wir unsere Beziehung, ja unsere Freundschaft mit dem Heiligen Geist vertiefen. So baten wir Gott, uns Menschen zu zeigen, von denen wir in Bezug auf die tägliche Beziehung zum Heiligen Geist noch mehr lernen könnten. Kurz darauf bekam ich eine Anfrage von Andy und Esther Salathé, die mich baten, ein begleitendes Wort zu Andys Buch «Heiliger Geist, wer bist du?» zu schreiben. Nun hatte ich gerade Gott gebeten, mir zu helfen, eine noch tiefere Beziehung zur dritten Person Gottes, dem Heiligen Geist, zu entwickeln, und jetzt wurde ich angefragt, etwas darüber zu schreiben. Humor Gottes. Er wollte mich offensichtlich ermutigen, meine Beziehung zum göttlichen Freund, dem Heiligen Geist, zu vertiefen.

Wir kannten schon Andys und Esthers Eltern und schätzen sie als ernsthafte und glaubensvolle Geschwister. Zudem sind wir seit Jahren mit dem Camp Rock verbunden, das von Andy und Esther als Retraite-Zentrum für Jugendliche aufgebaut wurde und seit Jahren mit grossem Segen geleitet wird. Alle unsere vier Kinder hatten in ihren Jugendjahren mit grossem Gewinn an Freizeiten des Camp Rock teilgenommen, zuerst als Teilnehmer, später als Leiter. Meine Frau Vreni war einige Jahre Mitglied des Vorstands. Ich selber wurde immer wieder inspiriert durch die Camp Rock Nachrichten, die regelmäßig eindrückliche Zeugnisse von veränderten Jugendlichen enthielten. Wir wussten also: da geht einiges ab. Deshalb war meine Überzeugung: Wenn ein Nachwort mit einem persönlichen Erfahrungsbericht von mir hilft, dass auch nur eine zusätzliche Person die wunderbare Erfahrung einer zunehmenden Freundschaft mit dem Heiligen Geist macht, dann wollte ich mich zur Verfügung stellen.

Ich habe dann Andys und Esthers Zeugnis über ihre Erfahrungen mit dem Heiligen Geist mehrmals mit großem Interesse und Gewinn gelesen. Ich bin sicher, dass die frische und authentische Art, wie Esther und Andy Salathé von ihrer wachsenden Freundschaftsbeziehung mit der dritten Person Gottes berichten, für viele Leserinnen und Leser zu einem grossen persönlichen Gewinn wird. Für einige wird die Lektüre sogar im wahrsten Sinn des Wortes lebensverändernd sein, so wie es bei mir war, als ich vor 40 Jahren eine tiefe Erfahrung mit der Gegenwart des Heiligen Geistes machte und von ihm mit Liebe und Kraft erfüllt wurde.

Gott hat Salathés wie auch Vreni und mich in den schwierigsten Momenten nicht im Stich gelassen. So wird er uns ebenfalls in Zukunft nicht im Stich lassen. Das gilt auch für Sie. Vielleicht wäre es bei uns allen wieder einmal Zeit, unsere Gottesvorstellung an die biblischen Wahrheiten anzupassen und eine enge Beziehung nicht nur zu Gott dem Vater und zu seinem Sohn Jesus Christus, sondern auch zu unserem täglichen Beistand, dem Heiligen Geist zu pflegen. Denn es ist ja gerade er, der uns Gott-Vater wie seinen Sohn, Jesus Christus, nahebringt und Gottes Wort täglich neu aufschliesst. Warum nicht gerade jetzt den Heiligen Geist einladen, dass er uns neu (oder erstmals) erfüllen und bevollmächtigen kann und wir als Folge davon mehr Freude und Power für den Alltag und eine ganze Menge mehr Liebe zu unseren Mitmenschen erhalten?

Und wenn wir dabei merken: In unserer Lebensflasche ist noch viel eigene dunkle Flüssigkeit, dann wollen wir uns dieser unverzüglich entledigen, so dass Gott unsere leere Flasche mit reinem Wasser füllen kann, mit dem lebendigen Wasser des Heiligen Geistes. Ich musste damals vor gut 40 Jahren in England auch zuvor meine Flasche leeren und mein Leben uneingeschränkt Gott zur Verfügung stellen, bevor er mich mit seinem Geist erfüllen konnte.

Aber es lohnt sich tausend Mal. Der Heilige Geist bringt Kraft und Freude in unser Leben und wir erfahren seine geniale Leitung. Unzählige Menschen um uns herum werden uns einmal danken, dass wir dem Heiligen Geist immer neu volles Verfügungsrecht in unserem Leben gaben und so zu einem Kanal seiner umwandelnden Kraft und Liebe wurden.

In gleicher Weise werden einmal unzählige Menschen, die mit Andy und Esther Salathé irgendwann in Berührung gekommen sind, ihnen dankbar sein, dass sie nicht länger aus eigener Kraft leben wollten, sondern sich von Gott als Kanal seiner Liebe und Kraft brauchen liessen.

Wir dürfen als Kinder Gottes nie vergessen: Uns steht kein konventionelles Fahrrad zur Verfügung, sondern ein E-Bike mit göttlichem Zusatzturbo und einem GPS, das uns den Weg weist. In Zukunft werden wir mehr denn je auf die Leitung und Bevollmächtigung des Heiligen Geistes angewiesen sein, wenn wir Salz und Licht in einer immer orientierungsloseren Gesellschaft sein wollen.

Jetzt bleibt mir nur noch, Ihnen, liebe Leserinnen und Leser, zu wünschen, dass Sie hinter der Geschichte von Andy und Esther Salathé Gottes Stimme ganz persönlich hören und ihm Ihr Leben neu und ganz zur Verfügung stellen, zum Wohl von vielen Menschen.

Hanspeter Nüesch
Campus für Christus
8113 Boppelsen